AF092677

TRANSCRIPTION

Essai sur l'Escrime
(Dague et Rapière)

Georges Dubois

Paris 1925

Édition : BoD – Books on Demand, info@bod.fr

Impression : BoD – Books on Demand, In de Tarpen 42, Norderstedt (Allemagne)

Impression à la demande
ISBN : 978-2-3224-8282-5
Dépôt légal : juin 2023

Je dédie ce bouquin à mes vieux maîtres d'armes,

qui étaient des fins connaisseurs de l'histoire de l'escrime.

Mais ils étaient aussi fan d'Alexandre Dumas ...

Michael Müller-Hewer

À la fin des années 90, je crois que c'était dans la boutique Jeanne Élise d'Antan chez Maître Castanet, l'antiquaire de l'escrime, j'ai trouvé un petit livre d'un maître d'armes dont je n'avais jamais entendu parler, Georges Dubois. Le petit livre était en mauvais état, mais le prix n'était pas cher. Lorsque j'ai commencé à lire le livre en tournant délicatement les pages très abîmées, j'ai constaté que je tenais un véritable trésor entre mes mains. J'avais trouvé l'origine de ce que l'on appelait encore en France, dans les années 1990, "l'escrime ancienne".

Avant d'aller plus loin dans les détails, je dois vous parler de l'auteur, un homme oublié par l'histoire, extraordinaire et merveilleux. Si l'on en croit Internet, c'était un artiste, un touche-à-tout, un athlète et un précurseur dans la recherche sur les AMHE. Mesdames et Messieurs, je voudrais vous présenter Emile Georges Martial DUBOIS, un homme que j'aurais aimé connaître.

Georges Dubois naît le 18 mars 1865 à Paris. Et il y meurt également le 17 mai 1934 à l'âge de 69 ans.

Sa grande passion est le sport. Mais par les hasards de la vie, il devient sculpteur. Comme il ne peut pas nourrir sa famille avec son art, il travaille comme lutteur dans un cirque. Il semble malgré tout avoir eu du talent, car en 1912, il remporte une médaille d'argent au concours de sculpture des Jeux olympiques de Stockholm. De son ciseau naît également la tête de Frédéric Chopin, qui se trouvait au Jardin de Luxembourg. Malheureusement, celle-ci est perdue pendant la Seconde Guerre mondiale.

Il apprend l'escrime, devient professeur d'escrime puis maître d'armes. Puis il prend le poste à l'Opéra-Comique de Paris. On lui reconnaît de grandes qualités, car il préside souvent un duel ou en est le témoin.

Ses années de lutte au cirque l'ont mis en contact avec la savate, qu'il enseigne également. Lorsque le jiu-jitsu fait son apparition en France, il affronte en combat public Ernest Réynier, qui représente alors la nouvelle vague des arts martiaux japonais. Le combat a lieu le 20 octobre 1905 et dure exactement six secondes. Dubois lance l'attaque, mais atterrit au sol, bloqué par Réynier à l'aide d'une clé.

Il est également connu comme un maître d'armes érudit. Il lit tout ce qui touche de près ou de loin à l'escrime. Ses recherches sur le combat de gladiateurs sont aussi connues que ses travaux sur l'escrime à la dague et à la rapière italienne. Et il est l'un des maîtres d'armes français les plus prolifiques en termes de publications. D'abord de petits articles dans des revues spécialisées comme "La Culture Physique", où il parle d'autodéfense pour les femmes ou de gladiature, puis dans des dizaines de livres et de brochures. Il était un grand ami de Letainturier-Fradin, qui lui a consacré plusieurs pages dans son ouvrage "Le Théâtre Héroïque".

L'ouvrage qui nous intéresse ici s'intitule modestement "Essai sur l'Escrime (dague et rapière)" et contient plusieurs chapitres d'exercices mis au point par Maitre Albert Lacaze. Pour faire court : Dubois décrit en quelques pages une forme moderne de duel à la dague et à la rapière. Pour comprendre l'intérêt de ce texte, il faut savoir que c'est l'époque où la boxe anglaise commence à conquérir le continent. En France, cela se fait au détriment de l'escrime. Selon l'une des théories, c'est parce que l'escrime n'utilise qu'une seule main dans le combat, alors que la boxe utilise les deux mains. Il semble que les deux compères proposent leur nouvelle escrime comme quatrième arme de compétition à la fédération d'escrime de l'époque, qui n'en veut pas.

L'escrime de la dague et de la rapière devient une escrime de loisir. Dubois l'utilise également sur scène à l'Opéra-Comique, où il crée des chorégraphies de combat. L'épée que nous connaissons encore sous le nom de « la rapière légère » est conçue et produite par Souzy, boulevard Voltaire à Paris. C'est le début de ce que l'on appellera en France pendant plus d'un demi-siècle « escrime de spectacle », « escrime ancienne », « escrime des mousquetaires » ou encore « escrime du grand siècle ».

Mais ce n'est pas Georges Dubois qui la popularise. Il faut d'abord citer Pierre Lacaze, le fils d'Albert, devenu à son tour maître d'armes et enseignant à l'école militaire de Joinville le Pont. Plus tard, il prend le poste de maître d'armes à l'Opéra-Comique. Il compte parmi ses élèves deux illustres personnalités qui influencent le monde de l'escrime de spectacle en France et au-delà, les maîtres Claude Carliez et Bob Heddle-Roboth. Le premier régit les cascades et les combats d'escrime dans le cinéma français pendant près de 40 ans à partir des années 60, le second est maître d'armes dans les écoles de théâtre les plus prestigieuses de Paris.

Ensemble, ils ont façonné l'image de l'escrime française dans les films et les spectacles. Dans les années 90, ils sont tous deux à l'origine d'un nouveau mouvement, « l'escrime artistique ».

J'ai eu l'immense privilège de travailler pendant 14 ans avec Bob, l'homme de théâtre, et de tourner quelques films sous la direction de Claude en tant que cascadeur et acteur. Lors d'un stage en 1989, j'ai pu rencontrer Pierre Lacaze, qui m'a donné une mémorable leçon de fleuret.

C'étaient de grandes personnalités, peut-être à l'image de leur illustre prédécesseur, mais dont ils ne nous ont jamais parlé.

Mais à travers eux, Georges Dubois nous a laissé l'immense héritage de son escrime à deux armes, base de toutes les escrimes sauf l'escrime sportive.

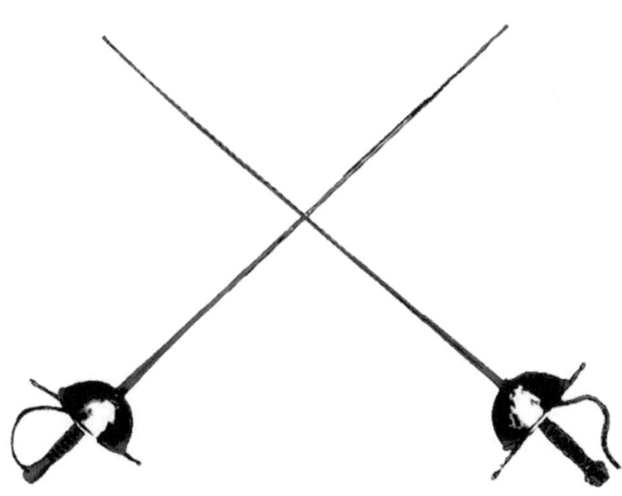

ESSAI SUR L'ESCRIME À DEUX MAINS.

1. Aperçu historique

Jusqu'au 18e siècle, la « main libre » était un élément important de la technique de combat. Équipée d'un gant ou d'un bouclier, elle servait à dévier ou à bloquer la lame de l'adversaire. Armée d'un poignard, elle pouvait également être utilisée de manière offensive. Bien que Capo Ferro ait déjà limité l'utilisation de « la main libre », c'est l'école française du 18e siècle qui l'a réduit à l'établissement de l'équilibre avec la main d'arme.

Dans les premières écoles d'escrime du 14ème au 16ème siècle, on enseignait principalement les armes maniées à deux mains. Cela se reflétait dans les traités d'escrime comme ceux de Marozzo, Agrippa ou Meyer avec l'enseignement de l'épée à deux mains, du grand et du demi-bâton ou de la hallebarde. Talhoffer et Mair décrivaient le combat avec le grand fléau et la lance. L'épée, utilisée principalement comme arme de taille et considérée à cette époque comme une arme purement offensive, était souvent accompagnée par une arme défensive comme le bouclier.

Le bouclier était probablement l'arme défensive la plus efficace de tous les temps. Fabriqué en peau, en cuir, en bois ou en métal, il a été utilisé pendant des millénaires dans toutes les cultures et sur tous les continents. Les plus anciennes descriptions européennes détaillées de combats avec un bouclier, une épée et une lance se trouvent dans l'Iliade d'Homère, l'histoire de la bataille de Troie. Dans l'armée romaine, les boucliers sont devenus un élément tactique, les légionnaires les transformèrent en un mur mortel qui encerclait l'adversaire et l'écrasait. Pendant le Moyen Âge en Europe, le bouclier et l'épée étaient devenus l'armement principal de la caste des chevaliers. Comme l'épée devenait de plus en plus légère, les boucliers perdaient de leur taille. Au 16ème siècle, on trouvait des boucliers de la taille d'une assiette, voire plus petits, qui ne servaient plus à absorber les coups et les attaques, mais à les dévier. Un principe élémentaire de l'époque était qu'une attaque que l'on ne pouvait pas parer avec un bouclier, une dague ou une cape était contrée par une contre-attaque ou une esquive.

En 1536, Marozzo de Bologne publia « Opéra Nova Chiamata Duello ouverto fiore dell'Armi », dans lequel il décrivait différentes formes de défense et d'attaque avec un bouclier et une épée. Il fut le premier à décrire la différence entre les coups directs et les revers et les estocades. C'était l'époque de la grande controverse entre la pointe et le tranchant, entre l'estoc et le coup de taille.

Les premières corporations de maîtres d'armes se formaient en Allemagne. La plus ancienne était probablement la confrérie de Saint-Marc, basée à Francfort-sur-le-Main, qui pratiquait principalement le « bidenhänder » et le « schwerdt ». À Mecklembourg s'étaient formées les « Freyfechter von der Feder », qui s'étaient spécialisés sur une épée longue sécurisée et plus légère, la plume, spécialement conçue pour les salles d'escrime. Entre les deux corporations il y avait fréquemment des altercations qui se sont souvent réglées au détriment de l'épée la plus lourde. Finalement, la confrérie de Saint-Marc adoptait également l'épée plume. Vers 1590, il n'y avait plus de différences notables entre les enseignements des deux guildes. Les deux confréries se partageaient « fraternellement » le monopole de gérer les salles d'armes.

Les écoles de Bologne exportaient leur style de combat au niveau européen. Au début du 17ème siècle, Capo Ferro écrivit que l'estoc était supérieur à la taille, sauf à cheval, une sagesse ancienne déjà illustrée par Xénophon (400 av. J.-C.). Avec l'épée d'estoc, le bouclier a également disparu dans les combats individuels.

Di Grassi, également maître d'armes à Bologne, dont les œuvres ont été traduites en anglais, décrit en 1594 « the case of rapier », le travail avec deux rapières. La technique ne s'etait toutefois pas popularisée, probablement parce qu'il était trop inconfortable de se promener en ville avec deux rapières. Pendant près de quatre-vingts ans, la main gauche a été armée d'un poignard, qui faisait déjà partie de l'habillement au Moyen Âge.

Avec la technique de l'estocade, de nouveaux principes se sont développés. Il devint ainsi évident que la rapière seule suffisait pour la défense. En Italie, le poignard a très vite perdu son rôle important, il n'était plus utilisé que pour faciliter les contre-attaques. L'introduction du fleuret au 18e siècle a fondamentalement modifié la position des escrimeurs, on travaillait davantage de profil. La surface de frappe était réduite, les deux épaules étaient alignées avec la lame. On se cachait derrière la pointe. Un petit mouvement du poignet permettait désormais de protéger tout le corps. La main libre servait surtout à établir l'équilibre avec l'arme. Selon l'école de combat et le style, le poids du corps était davantage placé sur la jambe avant (p. ex. en Italie) ou sur la jambe arrière (p. ex. en France).

2. ***Principes de la technique de combat à deux mains***

En travaillant à deux mains, un escrimeur sportif expérimenté s'apercevra très vite qu'il doit changer beaucoup d'habitudes. Le plus surprenant est probablement l'élargissement du champ de vision. Pendant la compétition, l'escrimeur est obligé de fixer son regard principalement sur la main armée de l'adversaire. L'utilisation de deux armes et le passage d'une position de combat linéaire à une position élargie entraînent un changement constant de la focalisation du regard, de la main vers le corps, du visage du partenaire vers l'espace. Très rapidement, le regard se portera principalement sur le visage du partenaire, puisque l'ensemble du corps se trouve ainsi dans le champ de vision. Ainsi, le regard peut très rapidement être dirigé vers la main qui agit ou vers l'environnement.

Les techniques de combat à deux mains peuvent être grossièrement divisées en trois sous-groupes :

a. Les armes maniées à deux mains (épée longue, lance, hallebarde...).
b. Armes dans les deux mains (épée et bouclier, dague, cape, etc.).
c. Une arme et la main libre (non armée).

Les armes à deux mains étaient des armes qui nécessitaient une grande distance entre les combattants. De nombreuses armes médiévales étaient maniées à deux mains. Le nombre d'armes longues diminuaient à la Renaissance. Aujourd'hui, il ne reste de cette époque que le fusil armé d'une baïonnette.

Le combat à deux armes exigeait une grande habileté. L'apogée était atteint lorsque les deux armes pouvaient être maniées indépendamment l'une de l'autre. Mais depuis Capo Ferro, la deuxième arme n'était plus utilisée que de manière défensive, pour soutenir la contre-attaque.

De tout temps, il était courant de saisir l'arme de l'antagoniste avec la main libre. La plupart des techniques de désarmement étaient basées sur ce principe. En principe, plus les armes étaient légères, plus l'utilisation de la main non armée étaient dangereuse. Dans l'école française du 17ème siècle,

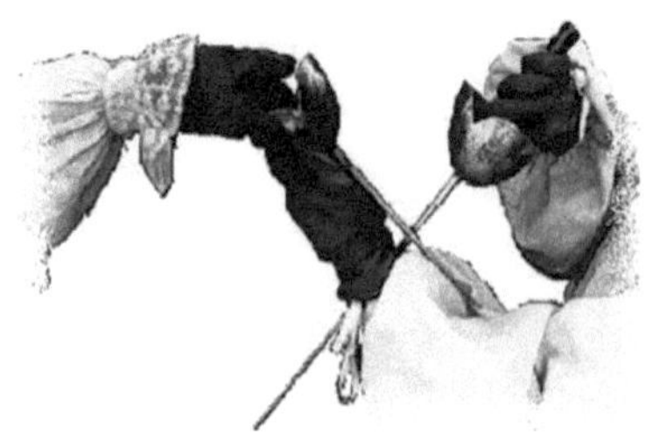

elle n'était plus utilisée que pour l'équilibre. Le maître Liancourt (1686) décrivait cependant encore des actions « à main nue », mais les déconseillait vivement.

3. <u>*Les positions de combat*</u>

Les positions d'escrime, ou positions de combat, étaient bien entendu spécifiques à chaque arme.

Les quatre positions élémentaires de l'école allemande s'appliquaient aussi bien à l'épée longue qu'aux armes d'hast.

Elles étaient très spectaculaires et offraient également de bonnes possibilités dans l'escrime d'opposition. La charrue (Pflug) correspondait aux positions actuelles de tierce et de quarte, le bœuf (Ochs) à une prime ou à une seconde haute.

Lors du travail avec le bouclier, la position de base était la position de boxe actuelle. Ainsi, l'attaque adverse devait toujours être menée en contournant le bouclier.

Toutes les attaques allaient principalement de haut en bas et en direction des ouvertures. Lors des parades, la cible était soustraite à l'attaque et remplacée par le bouclier.

Pour attaquer, il fallait chercher une ouverture. De cette manière, les deux combattants étaient contraints de quitter le combat linéaire et de se déplacer sur une grande surface.

Le combat avec rapière et dague était de loin le type de combat le plus complexe, car les deux armes étaient théoriquement déplacées indépendamment l'une de l'autre.

Position de base en tierce/quinte : les deux mains étaient tenues devant le corps à hauteur des hanches, la main droite protégeant la poitrine et la tête ; la main gauche protégeait les jambes.

La position des pieds était différente de celle de l'escrime classique. Le pied arrière (B) était légèrement tourné vers l'intérieur et sorti de la ligne de profil (A).

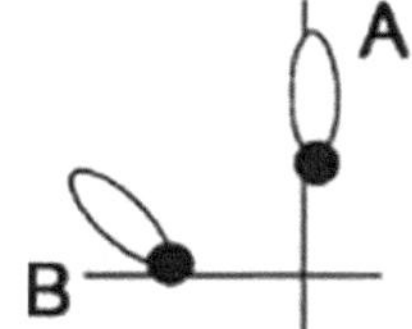

Images :
Agrippa, Trattato di Sientia d'arme, 1553
Talhoffer, 1459
Angelo, L'Ecole des armes, 1763
Talhoffer, 1467
Anonymes Bolognais 17ème siècle
Photo M.Müller-Hewer (MH)
Dessin : Le soleil de l'épée germanique, (MH)
Dessin : Position bouclier (MH)
Dessisn : Position dague et rapière (MH)
Dessin : Position des pieds (MH)

Lausanne, le 30 juin 2023
Michael Müller-Hewer

GEORGES DUBOIS

Essai sur l'Escrime

(Dague et Rapière)

TECHNIQUE & LEÇONS

ENSEIGNÉES

PAR ALBERT LACAZE

professeur aux Ecoles BOSSUET, FÉNELON, etc., etc.

Dessins de Nelson DIAS
d'après les photographies de la Maison BRANGER

PARIS
SOUZY, EDITEUR, 31, boulevard Voltaire
Téléphone Roquette 35-93
1925

Au Maître Aldo Nadi

En cordial hommage à l'incomparable émule des célèbres maîtres italiens qui ont fait briller le noble art des armes dans le monde entier.

Albert Lacaze

Il a été tiré de cet Essai dix exemplaires sur papier pur chiffon Lafuma, numérotés et signés par l'auteur.

A LA MÉMOIRE

de mon ami Louis CHEVILLARD

Prince des fleurettistes

AVERTISSEMENT

L'emploi des termes d'Escrime usités aux quinzième et seizième siècle eussent été une complication pour le lecteur. Un livre didactique doit être avant tout aussi clair que possible. En conséquence, j'ai employé dans cet Essai sur l'escrime ancienne, les termes familiers aux maîtres d'armes et à ceux de leurs élèves fleurettistes et épéistes, au fait de la grammaire classique de l'Ecole française moderne.

En outre, j'aimerais que le lecteur voulût bien adopter ma conviction - basée sur l'étude des ouvrages anciens, que si les termes employés par les vieux maitres n'étaient pas les mêmes que les nôtres, ils exécutaient toutes nos actions ; ils en enseignaient même beaucoup d'autres, puisque la garde des épées était garnie de branches transversales qu'ils utilisaient scientifiquement. THIBAULT, *d'Anvers (1628) consacre à cette technique particulière une longue étude. On a écrit aussi que la* contre-riposte *était relativement récente. Erreur,* SAINT-DIDIER *(1573), le plus ancien auteur français, la décrit nettement avec figures à l'appui.*

Quant au développement *tel que nous le concevons, il est nettement indiqué dans* FABRIS *(1606), j'en fournis plus loin la figure. Les maîtres peuvent, sans hésiter et sans commettre d'anachronisme, exiger le* développement *classique.*

Cette reproduction d'une planche de l'ouvrage de Capo FERRO *(1610), offre l'exemple d'un engagement duquel s'est inspiré le professeur* LACAZE. *Le tireur de droite prépare une* croix haute *telle qu'elle est enseignée dans notre méthode. Sur la menace du tireur de gauche, cette* croix *va s'élever et s'emparer de sa pointe. L'épée favorablement placée pourra donc frapper en* seconde.

Remarquer la situation en arrières des têtes, très loin des coups de taille éventuels et l'équilibre général propice aux passes en arrière.

PREMIÈRE PARTIE

Loin de nous croire plus savants et plus doués que quiconque, LACAZE et moi nous sommes rencontrés sur le terrain de l'étude.

Toutefois, j'ai lui, d'abord le triste privilège de l'âge et cet autre plus appréciable, de posséder une bonne collection de livres anciens sur « *L'ART DES ARMES* » que j'ai étudiés.

Là est la base solide de cet Essai.

Si quelques professeurs, il y a vingt ou vingt-cinq ans, ont cru trouver une escrime supérieure à celle que nous ont léguée les efforts des vieux maitres, depuis le XVe siècle ; si ceux-là feuillettent d'un pouce ironique les ouvrages de leurs précurseurs, il en est d'autres, nombreux, qui les lisent avec attention, respect et profit. L'École de Joinville, magnifique pépinière des maitres français, est heureusement un solide rempart opposé aux errements présomptueux de quelques-uns, qui tiennent boutique achalandée de gens pressés, pour lesquels *Art des armes* sont des mots sans signification.

C'est donc pour les maitres d'armes, corporation à laquelle j'ai eu l'honneur d'appartenir, et les escrimeurs possédant complètement la technique de l'Escrime que cette plaquette est écrite.

Tout de même, se diront les mieux disposés par cet exorde, pourquoi LACAZE croit-il devoir enseigner cette escrime du XVIe siècle aux jeunes gens ?
Si l'Escrime était jadis un complément d'éducation réservé à la noblesse et aux classes privilégiées, l'équitation, la chasse, la danse et de nombreux jeux de force développaient les fils de cette noblesse ou de la bourgeoisie riche. La culture physique était donc faite de nombreux sports, mais n'oublions pas que l'étude de l'Art des armes n'avait d'autre but, même chez les plus pacifiques, que de mettre un homme en état de défendre son honneur, l'épée à la main.

On ne peut contester que les physiologistes et, avec eux, les professeurs de gymnastique ou de lutte et les culturistes, à quelque école qu'ils appartiennent, approchent de la vérité lorsqu'ils prétendent que l'Escrime est un sport unilatéral et que toutes ses actions s'exerçant uniquement de profil, développent - en vigueur peut-être, - mais inégalement et détruisent l'eurythmie musculaire obtenue par leurs méthodes.

Certains maitres, dira-t-on, font prendre « leçon » des deux mains alternativement, mais dès que l'élève fait assaut, c'est-à-dire dès qu'il consacre les neuf dixièmes de son temps et le maximum de ses efforts à l'Escrime, il tire de la main droite uniquement (de la gauche s'il est gaucher).

Donc les critiques sont justifiées.

Le grand mérite de LACAZE, c'est d'avoir songé à tirer de mes études jusqu'ici stériles pour la masse des escrimeurs, n'en tirant parti qu'au théâtre, non seulement le plus grand rendement musculaire bilatéral, mais aussi le plus parfait entrainement des réflexes et du jugement, réflexes et jugements uniques chez les seuls escrimeurs.

Laissant là toute présomption et toute morgue professionnelle, LACAZE s'est mis énergiquement à l'entrainement de sa main gauche, car c'est elle qui tient la dague et, dans les combinaisons multiples de cette escrime - on en jugera par la suite - la dague est non seulement destinée à agir à distance dans la préparation des coups, mais, dans la *mesure rapprochée,* on doit la considérer comme une épée très courte, plus propre à frapper que l'autre devenue trop longue. C'est-à-dire que les deux mains doivent être également habiles.

Donc, en dehors de certains coups, précédés de préparations particulières à cette escrime du XVIe siècle qui, par suite des *passes,* vous place tour à tour le pied droit ou le pied gauche en avant (garde à droite ou garde à gauche), les actions élu bras placé en avant relèvent alternativement de la technique du droitier ou de celle du *gaucher.* Je n'ai pas à expliquer au maitre d'armes qui me lit ou à l'escrimeur bien instruit, ce qu'est la grammaire moderne et ses *leçons.* Je n'ai rien à leur apprendre.

Par les quelques exemples qui suivent, ils vont immédiatement saisir la relation absolue qui existe entre l'escrime des deux mains et le fleuret moderne.

PREMIER EXEMPLE. - Le tireur est placé garde à gauche dague en avant, couvert en *sixte* de la dague et en *septime* de l'épée· (tenue de la main droite).

On le menace *dans les armes.*

Il pare *contre de sixte* de la dague.

On le trompe :

Il va à la *seconde* avec ln dague.

Du même temps, il passe en avant du pied droit pour serrer la mesure et porte un coup droit de l'épée.

Peut-être touchera-t-il ...

Mais, continuons, puisque nous parlons entre professeurs :

L'adversaire à son tour pare *sixte* avec sa dague, sentant son épée paralysée. Il est évident que si cette *sixte* n'est pas trompée *dessous,* la riposte est parée.

Ne compliquons pas et passons à un autre coup :

DEUXIÈME EXEMPLE. - Le tireur est placé garde à droite l'épée en avant, couvert en *quarte.* Sa main gauche tient la dague au-dessous en *octave* ou *seconde.* La ligne du *dedans* est donc fermée de haut en bas, seul le *dessus* (haut et bas) est découvert.

L'adversaire menace :

Le tireur menacé prend le *contre de quarte* avec l'épée, sachant bien qu'il sera trompé, mais le fer adverse rencontre la dague en *octave,* il trompe cette *octave,* mais la dague remonte en *sixte* barrant de nouveau le chemin. Dès la première feinte *sous les armes,* l'attaqué s'est fendu, se sachant protégé par les deux actions de sa dague.

Il a donc pu toucher ?

Non, si sa riposte a été parée par *sixte* ou *secondé* de la dague adverse.

Voilà deux coups très simples, très nets, qui cependant demandent non seulement une égale habileté des deux mains, mais aussi une rapidité - de jugement permettant un synchronisme absolu entre les parades de la dague et la riposte de l'épée.

J'ai donné ces deux exemples uniquement pour signaler l'emploi des parades qui nous ·sont familières et détruire chez le lecteur l'inquiétude persistante que peut-être il avait, malgré l'AVERTISSEMENT, d'être obligé de se familiariser avec une nouvelle technique et de nouveaux termes.

Nous voilà bien loin, n'est-ce-pas, de l'attitude unilatérale qui nous est tant reprochée. Les deux bras travaillent, les *passes* multiples en avant et en arrière provoquent un travail musculaire identique des jambes, enfin, les *croix* hautes et basse fréquentes, dont nous parlerons plus loin, provoquent un développement du torse en ampleur et en souplesse qui font de cette escrime de nos pères le sport idéal, non seulement des jeunes gens, mais aussi des jeunes filles.

Dois-je signaler que l'obligation de suivre et de tromper les parades associées de deux armes, provoquent une telle rapidité de vision, que l'escrimeur rompu à cette école voit ses moyens doublés dès qu'il fait assaut de fleuret ou d'épée.

Les duels heureusement sont de plus en plus rares, mais l'Art des armes ne tend pas vers cet unique but. En enseignant à ses élèves l'Escrime à la dague et à la rapière, le maitre peut non seulement lui donner une science absolue de l'Escrime, mais provoquer une gymnastique complète qui, en *leçon* ou en *assaut,* peut rivaliser victorieusement avec toutes celles qui sont enseignées.

Elle a en outre, sur toutes, l'avantage de provoquer des actions intelligentes et raisonnées, quelle que soit leur violence. Voilà ce que le maitre peut hardiment avancer désormais à ceux qui critiquaient notre Art, dont les escrimeurs de la Renaissance avaient fait un sport magnifique.

LES DEUX GARDES

GARDE A DROITE. - *Le tireur est couvert en* sixte *par son épée. La dague qui ferme le* dessous *des armes est tenue en* septime *par la main gauche.* ·
GARDE A GAUCHE. - *Le tireur placé comme· un gaucher est couvert en* sixte *par sa dague. L'épée qui ferme le* dessous *des armes est tenue en* septime *par la main droite.*

Dans les deux cas, le tireur ferme du haut en bas le dessus *et le* dehors bas *des armes. Il lui est donc loisible, en déplaçant latéralement ses armes, de fermer-Le* dedans haut *et* bas *des armes par* quarte *de l'épée et* seconde *ou* octave *de la dague.*

LES DEUX GARDES

En garde à droite, l'élève est placé comme pour l'escrime moderne au fleuret en ce qui concerne son épée.

Quant à la dague, si l'élève est couvert en *sixte,* sa dague doit être située perpendiculairement sous l'épée, placée en *septime* (du gaucher).
Si l'élève est couvert en *quarte* de l'épée, sa dague doit être perpendiculairement au-dessous et tenue en *seconde* (du gaucher).

En garde à gauche, l'élève est placé comme un gaucher moderne, mais c'est la dague qui est *au-dessus* et l'épée *dessous.*

S'il est couvert en *sixte* de la dague, son épée est en *septime* (du droitier).

S'il est couvert en *quarte* de la dague, son épée, immédiatement dessous est en *seconde* (du droitier).

Remarquer que pour l'arme placée au-dessus, que ce soit l'épée ou la dague, nous adoptons le nom des lignes conformes à la mise en garde (droitier ou gaucher), tandis que pour l'arme placée au-dessous, nous adoptons le nom admis pour la position de la main.

EXEMPLES. - Main de *septime* pour fermer avec la main droite la ligne de *seconde* de la mise en garde à gauche, main de *seconde* pour fermer avec la main droite la ligne de *septime* de cette mise en garde à gauche (voir les figures et leur texte explicatif).

ENGAGEMENT
par double quarte et double sixte

L'engagement par *double quarte* ou *double sixte* permet de s'emparer du fer de l'adversaire et de le maintenir avec une autorité qui le déconcerte.

Sa seule ressource est de bondir en arrière pour se dégager. On a donc le temps, si la mesure est favorable par suite de cet *engagement doublé*[1] pris en marchant, de tirer au corps ou, si la mesure est insuffisante, de se fendre sur l'adversaire en abandonnant l'engagement quand on le juge opportun.

Quelle que soit la garde adoptée, c'est-à-dire que l'on ait le pied droit ou gauche en avant, il est loisible ·de prendre avec la dague ou l'épée l'engagement de *double sixte* ou de *double quarte.* Ceci posé, admettons que l'adversaire donne le fer ou menace, l'engagement de *double quarte* s'exécute en prenant de la dague l'engagement de *quarte* du gaucher et celui de *quarte* du droitier.

L'engagement de *double sixte* s'exécute en prenant de la dague l'engagement de *sixte* du gaucher et de l'épée l'engagement de *sixte* du droitier.

On remarquera que l'engagement de *double sixte* ressemble à la formation de la *croix haute,* dont il est question plus loin.

---

[1] J'écris **engagement doublé** et non double engagement, ne pas confondre

Plus les mains sont rapprochées dans le *double engagement,* plus le fer adverse est paralysé et mis dans l'impossibilité de s'échapper par le *coupé,* De là l'obligation de sauter en arrière afin de rompre la mesure et d'arracher l'arme de cette emprise.

A PROPOS DES PASSES

On appelle *passe* l'action qui consiste à passer un pied devant ou derrière l'autre. Somme toute c'est le changement de garde des boxeurs. Nous ne retiendrons que trois passes dont une est une manière de fente, puisqu'elle porte la pointe après la menace.

L'élève étant en garde de *droitier,* c'est-à-dire assis sur la jambe gauche et le pied droit devant.

Au commandement de *en avant, passez,* il passe le pied gauche devant et s'assied sur la jambe droite (garde du gaucher). Au commandement de *en arrière, passez,* il place le pied gauche derrière, s'assied sur sa jambe gauche et laisse le pied droit en avant (sa garde initiale).

Voilà, en somme, à quoi se réduisent les deux passes principales. (Bien entendu, ce changement de garde peut se répéter en avant si l'on suit l'adversaire, on le verra aux *exercices préparatoires).*

La troisième, je l'ai dit plus haut, est tributaire de la fente dont elle accomplit, d'ailleurs, l'action. Elle s'exécute étant en garde à droite.

Précisons : l'élève est en *garde à droite.* Bien couvert en *septime* avec sa dague, il a joint son adversaire et le menace de son épée en feintant, le bras bien allongé, la main haute, en bon fleurettiste.

Soudain, il décide de se fendre, mais l'adversaire peut juger ee départ de son *développement* au *pied levé.* C'est alors que prenant point d'appui sur son pied droit, il passe le pied gauche derrière celui-ci et le porte aussi loin que possible en avant, en *fléchissant* sur ses deux jambes et pivotant sur le pied droit qui fait presque face en arrière.

FABRIS (1606) consacre à cette forme d'attaque une longue description, appuyée d'une figure. Le maitre peut y préparer l'élève par la progression suivante :

1 ° *EN GARDE A DROITE.*
2° *MENACEZ.*
3° *MARCHEZ.* ... (notre marche moderne).
4° *MARCHEZ.*
5° *DERRIERE, FENDEZ-VOUS.*
6° *EN GARDE.*

Pour la remise en garde, l'élève reprend sa garde à droite, en replaçant rapidement son pied gauche derrière le droit.

Le maitre a déjà compris qu'au cours d'un combat ou d'un assaut, cette remise en garde peut être faite également en avançant le pied droit d'un grand pas, ce qui serre la mesure, conduit au corps à corps ; à toutes ses conséquences et, particulièrement, à l'emploi de la dague pour frapper l'adversaire.

LES CROIX (haute et basse)

Les croix sont des parades formées par le croisement des deux lames, quelle que soit la garde adoptée par le tireur.

La *croix haute* s'emploie pour parer les coups de pointe portés dans la ligne haute et les coups de taille (sabre) portés sur la tête.

La *croix basse* écrase les coups de pointe portés *sous les armes.*

CROIX HAUTE ET CROIX BASSE

CROIX HAUTE. - *Les deux armes sont croisées au-dessus et en avant du front. La dague est au-dessus de l'épée, ce qui permet de riposte avec cette arme* (en prime *ou* seconde) *et de maintenir la parade avec la dague.*

CROIX BASSE. - *Les armes sont croisées à la hauteur du ventre et en avant. L'épée est au-dessus de la dague. Cette dernière maintient la parade pendant que l'épée riposte en* seconde.

Si, après avoir paré croix haute *on abaisse* croix basse, *l'épée étant paralysée sous la dague, il faut presser* seconde *afin de la dégager et riposter* octave *en maintenant le fer averse.*

CROIX HAUTE ET BASSE ALTERNÉES

Si le tireur est placé en garde à droite, c'est-à-dire l'épée au-dessus de la dague, il forme la croix en croisant sa lame d'épée au-dessous de la dague. Cette croix formée, il porte les mains très en avant de façon à aller au-devant du coup de pointe pour l'enlever.

Cette croix haute ainsi formée devient aussitôt une *croix basse* si l'adversaire, dégageant *sous les armes,* son attaque est parée par l'écrasement de sa pointe par suite du, simple, mais rapide abaissement vertical de la croix.

TROMPEMENTS DES DEUX CROIX

Le lecteur l'a déjà compris, si l'attaqueur n'engage que l'extrémité de sa pointe, il peut dégager *dessus* ou *dessous* soit en retirant légèrement l'épaule, soit en raccourcissant légèrement le bras.

Mais si sa menace est franche et si son fer est très engagé dans l'angle que forme la croix, voici les deux façons de se dégager :

Saisi par une *croix haute* il doit en liant ces deux mouvements :

1 ° Couper 1argement en portant la lame derrière soi ;

2° Continuer le dessin du cercle ainsi ébauché, former la *prime* en allongeant et tenter de toucher. Si l'adversaire répond à cette feinte *dessous* par une *croix basse,* 1 il faut dégager par un *revers de prime* foudroyant et riposter de la pointe ou du taillant en ligne haute.

L'expérience m'a démontré que lorsque le tireur attaqué est emballé par ces parades en croix, il les exécute alternativement avec rapidité plusieurs fois de suite avant de rompre, c'est-à-dire que les *coupés prime* et les *revers de prime* se succèdent avec une vitesse non moins égale. C'est donc en rompant sa cadence que l'attaqueur a chance de tromper ces deux *croix* qui couvrent complètement le tireur attaqué.

Un dernier détail important :

Il ne faut jamais former une croix en croisant son épée au-dessus de la dague. Evidemment, la parade est aussi efficace, mais la riposte directe par *seconde* ou *prime* est paralysée. Il faut dégager la lame par un *tour d'épée.*

Si dans la *croix basse* la lame d'épée prise sous la dague est retenue, if suffit de *couper latéralement* pour se dégager et riposter directement en *tierce* ou en *seconde.*

L'élève et le maitre sont tous les deux en garde à droite. Tous les deux étaient engagés en sixte. *Sur une* pression *de l'élève, le maitre a dégagé dans la ligne de quarte. L'élève a pris le* temps *en* prime *sur le* développement *du maitre, évitant le coup pour coup en parant* quarte *avec sa dague.*

Remarquer que cette opposition de quarte *de la dague ne pourrait pas être utilement trompée* dessous *ou* dedans *puisque le* temps *pris en* prime *barre la ligne à tout dégagement.*

En raison du synchronisme de la riposte prise par le temps *dans le développement, ce* temps-riposte *est difficile à parer, comme d'ailleurs toutes les ripostes synchrones.*

CROISÉ DE L'ÉPÉE, REPRISE PAR LA DAGUE COUP DROIT AU TEMPS

EN ATTAQUE OU EN RIPOSTE

Cette botte consiste à s'emparer du fer ide l'adversaire par un croisé de *septime* ou *d'octave,* de le ramener dans la ligne haute et, dans les deux cas, de le saisir à son arrivée dans la ligne du *dessus* ou du *dedans* des armes, par l'engagement de *sixte* de la dague.

La riposte directe ou *par passe en avant* (si le pied droit est derrière) et, enfin, le *développement,* doivent s'exécuter en même temps que la dague s'emp1 1re du fer adverse par l'engagement de *sixte.*

Il est possible, après le *croisé de septime,* de reprendre le fer en *quarte,* mais cet engagement est dangereux, car il fait repasser la pointe de l'adversaire devant la poitrine et la figure. En outre, son action masque un instant le but de la riposte.

Bien noter que ces *croisés* peuvent s'exécuter *en attaque* contre une épée en ligne et *en riposte sur* l'attaque de l'adversaire.

Retenir également à propos de ces *croisés,* que dans le cas où celui qui les exécute est en garde à droite, la *fente derrière le pied* assure l'effacement du corps. (Voir le chapitre : *A PROPOS DES PASSES).*

Observer également que pour le croisé *d'octave* ramenant le fer en *quarte,* la riposte de *seconde* est la préférable. Mais pour le croisé de *septime* ramenant le fer en *sixte,* la riposte doit être fournie *main de sixte* par *dérobement dessous.*

DÉPLACEMENTS LATÉRAUX

Non seulement l'escrimeur du XVIe siècle tournait son adversaire complètement ou même combattait en tournant autour de lui, mais dès qu'il devait se défendre contre deux hommes, en cas d'agression, il évoluait de telle sorte qu'il arrivait à se placer devant un seul, en tenant l'autre derrière celui qu'il avait choisi.

C'est alors que par déplacements latéraux à gauche ou à droite, il le maintenait dans cette situation qui, non seulement annulait ses actions ; mais gênait le premier qui ne pouvait rompre sans se jeter sur son complice et dans ses armes.

Le maitre d'armes, dès qu'il aura de la place, pourra donc en une *leçon spéciale* habituer son élève à ces déplacements, simple jeu des pieds qui se résume à cette leçon :

EN GARDE (à droite ou à gauche).
Portez le pied de devant à droite (ou à gauche).
Rectifiez (c'est-à-dire replacez le pied d'arrière à sa place).

Ce dessin, reproduit d'après une planche de L'ouvrage de Salvator FABRIS (*1606), établit sans conteste (voir* te *tireur de droite) qu'à cette époque, en dehors de toutes les* passes, *les escrimeurs se fendaient comme de nos jours, c'est-à-dire que dans le* développement, *le pied de derrière portait à plat sur le soi et la jambe droite était perpendiculaire au sol.*

Dans ce dessin, l'attaqueur s'empare du fer de l'adversaire par quarte *de la dague, fait passer la pointe et se fend dans le même temps.*

DEUXIÈME PARTIE

EXERCICES PRÉPARATOIRES ET LEÇONS

créés par le professeur Albert LACAZE

EXERCICES PRÉPARATOIRES

à l'entraînement simultané des deux mains

Le professeur aura tout intérêt à faire exécuter à ses élèves les exercices qui font l'objet de ce chapitre. Ils habituent l'élève, par une sorte de routine musculaire, à exécuter avec une égale souplesse et une même cadence, les mouvements commandés clans les *leçons,* qu'ils soient accomplis par les mains droite ou gauche.

En outre, par suite des changements de garde incessants, par *passe en avant* ou en *arrière,* le torse reste droit, cambré et toute raideur est bannie de la région lombaire.

Sauf en assaut où le maitre tolérera, par exception, aux gauchers de tenir leur épée de la main gauche s'ils y tiennent absolument, pour les exercices préparatoires qui, d'ailleurs, peuvent être exécutés collectivement[2], l'élève devra tenir l'épée de la main droite et la dague de la main gauche.

EXERCICES PRÉPARATOIRES

PREMIÈRE LEÇON

GARDE A DROITE. - En marchant, sur chaque pas, alternez.
Contre de sixte des deux mains, triplez.
Contre de seconde des deux mains, triplez.
EN ROMPANT. -- Même exercice.
EN CHANGEANT DE GA.RDE -- Marchez (marchez alternativement du pied droit ou du pied gauche). Même exercice.
EN ROMPANT, MARCHEZ. -- Même exercice.

DEUXIÈME LEÇON

EN GARDE A DROITE (des deux mains).
Deux contre de sixte.
Deux contre de seconde.
Deux contre de sixte.
Repos.
Même exercice en marchant et en rompant.

EN GARDE A DROITE (des deux mains).
Deux contre de quarte.
Deux contre de septime.
Même exercice en marchant et en rompant.
Même exercice en changeant de garde et en se portant en avant.

---

[2] LACAZE à l'Ecole Bossuet fait travailler 40 à 50 élèves ensemble.

PHYSIONOMIE DE LA FINALE D'UN CROISÉ QUARTE DE L'ÉPÉE
REPRIS TIERCE DE LA DAGUE

Sur la menace de son maitre, l'élève a successivement opposé octave, *croisé quarte avec son épée, puis, reprenant et retenant la pointe de son maitre par une* tierce *de la dague, il riposte* prime. *Cette* prime *est elle-même parée* seconde *main haute par le maitre.*

Il est bien évident que si le maitre trompe cette tierce *de la dague, son élève pourra aisément parer ce dérobement* dessous *par* seconde *de la dague, sans modifier l'action de son épée.*

Même exercice en changeant de garde et en se portant en arrière.

Nota. - Les changements de garde ne sont autres que les *passes avant* et *arrière.*

TROISIÈME LEÇON

MISE EN GARDE PROPREMENT DITE, de pied ferme.

GARDE A DROITE, alternativement *sixte* de l'épée, *septime* de la dague.

Quarte de l'épée, *octave* ou *seconde* de la dague.

Marchez (même exercice).

En rompant.

Même exercice.

QUATRIÈME LEÇON

EN GARDE A DROITE.
Formez la croix.
En haut.
En bas.
En haut
En bas.
Marchez (deux croix alternatives à chaque pas).
Même exercice en rompant.
Même exercice en changeant de garde et en se portant en avant.
Même exercice en changeant de garde et en se portant en arrière.

CINQUIÈME LEÇON

EN GARDE A DROITE.
Formez la croix haute.
M*aintenez de la dague.*
Menacez seconde de l'épée et *fendez-vous.*
En garde.
EN GARDE A GAUCHE.
Formez la croix haute.
Maintenez de la dague.
Menacez seconde de l'épée.
Portez la pointe en passant du pied droit.
EN GARDE A DROITE.
Formez la croix haute.
Croix basse.
Appuyez la dague en seconde (sans quitter le fer adverse).
Passez en arrière du pied droit.
Tirez seconde de l'épée.

Nota. - Cet exercice a pour but d'habituer le tireur, dont l'épée se trouve paralysée puisqu'elle se trouve sous la dague lors de la *croix basse,* de libérer son arme. En effet, en appuyant la dague en *seconde,* la pointe adverse se trouve écartée et l'épée du pareur libérée peut fournir la riposte.

Règle générale, dès que l'on tient le fer de l'adversaire par la *croix basse,* il faut immédiatement la chasser par une *seconde* de la dague. Seule la *croix haute* permet de frapper *au temps* puisque la pointe adverse est maintenue par *dague tierce haute.*

L'élève était placé en garde à droite. Sur une attaque de son maitre, .il s'est logé dans cette attaque le menaçant dans le haut des armes en faisant une demi-volte du pied gauche ; du même temps, il fait passer la pointe à sa gauche par une opposition de tierce *de la dague et tente d'arrêter au corps en ligne basse. Cette menace est elle-même parée* seconde *par son professeur.*

A son choix, après la finale de cette phase, l'élève peut reprendre sa garde initiale en replaçant le pied gauche en arrière (garde normale) ou avancer le pied droit et reprendre le combat dans une mesure serrée.

SIXIÈME LEÇON (la fente derrière, le pied droit)

EN GARDE A DROITE.

Marchez.

Menacez.

Marchez.

Marchez.

Fendez-vous *derrière,* c'est-à-dire portez le pied gauche très en avant du pied droit, en pivotant sur les orteils de ce pied qui fait presque face en arrière.

SEPTIÈME LEÇON (les croisés)

EN GARDE DE SIXTE.

Croisez d'octave en quarte.
Tierce haute de la dague.
Menacez main de seconde.
Développez.

EN GARDE DE QUARTE.

Croisez de septime en sixte.
Prime ou tierce haute de la dague.
Menacez main de sixte de l'épée.
Développez.

HUITIÈME LEÇON

ALTERNANCE DES SECONDES (des deux mains).

EN GARDE A DROITE (de pied ferme).

(Commencez lentement et augmentez progressivement la vitesse).

DAGUE. – Contre de seconde.
EPÉE. –
DAGUE. –
EPÉE. –
DAGUE. –
EPÉE. – etc ... , etc ... .

EN GARDE A DROITE.
Même exercice en passant tour à tour du pied droit et du pied gauche.

Ecrasez *quinte basse.*
Frappez de la dague.

Nota. - Cette alternance des *secondes* et des *passes* permet, si sa rapidité est très grande, de poursuivre l'adversaire, d'annuler toutes ses feintes, d'arriver au corps à corps et de le frapper de la dague ainsi qu'il est indiqué dans le chapitre *A PROPOS DE PASSES* lors de la remisé en garde en avant, faisant suite à la *fente du pied gauche* par passe *derrière le pied droit.*

LA FENTE DERRIÈRE (enseignée par Salvator FABRIS)

L'élève était placé en garde à droite, il a menacé son maitre et s'est fendu en passant le pied gauche derrière le droit, le maitre pare l'attaque avec sa dague et riposte de l'épée, main basse ; cette riposte est à son tour parée seconde *main haute par l'élève.*

Le lecteur a déjà compris que devant l'inutilité de son attaque, l'élève doit reprendre une mesure *prudente en reportant son pied gauche derrière te droit, à sa place initiale.*

PARADES

PREMIÈRE LEÇON

1° De pied ferme ;
2° En rompant
et successivement dans les deux gardes.

SUR MA MENACE :
Contre de sixte de la dague.
Je trompe.
Seconde de l'épée.
Je trompe.
Quarte de la dague.
Je coupe.
Tierce de la dague et riposte au temps.

DEUXIÈME LEÇON

1° De pied ferme ;
2° En rompant
et successivement dans les deux gardes.

SUR MA MENACE :
Croix haute.
Je trompe dessous.
Croix basse.
Je trompe par revers de prime.
Croix hante et riposte de seconde.

TROISIEME LEÇON

De pied ferme, en rompant et dans les deux gardes.
Menacez.
Je croise d'octave en quarte et reprends le fer de la dague en tierce.

COUPEZ DEDANS.
Je pare quarte de la dague.
Coupez dessous et ripostez.

QUATRIÈME LEÇON

De pied ferme, en rompant et dans les deux gardes.

JE MENACE.
Parez seconde de l'épée.
Je trompe.
Contre de seconde de l'épée.
Je trompe et menace *sur les armes.*
Quarte de la dague.
Ripostez seconde.

CINQUIÈME LEÇON

De pied ferme, en rompant et dans les deux gardes.

JE MENACE.
Sixte de la dague.

Après avoir provoqué la formation de la croix *par des menaces à distance, l'élève a* passé· *du pied droit, s'emparant du fer de son maitre par* croisé *de* seconde *et maintenant les deux armes un quart de seconde avec sa seule épée. De sa dague restée libre, il frappé son maitre au flanc. C'est là un exemple de l'utilisation de la dague dans les corps à corps.*

Dans THIBAULT, *d'Anvers (1628) on trouve de nombreux exemples où, après ce coup, l'élève passe des deux pieds, se plaçant ainsi derrière son maitre à l'abri de toute* reprise.

Je trompe.
Seconde de la dague.
Je, trompe.
Contre de seconde.
Je trompe.
Croisez octave de l'épée, reprenez tierce de la dague.
Au temps ripostez seconde.

SIXIÈME LEÇON

De pied ferme, etc ... , etc ...

JE MENACE.
Croix basse (épée au-dessus de la dague).
Ripostez tierce.

Je pare tierce de la dague et riposte dans les armes.

Parez tierce de la dague.

Coupez sur ma tierce en même temps. ·

Et tirez dans les armes.

Après les cinq premières, cette sixième leçon offre le type de ripostes et de contre-ripostes de l 'escrime du XVIe siècle.

Les maîtres d'armes ou les savants escrimeurs auxquels, je le répète, nous n'avons rien à apprendre, déduiront de cette première série de leçons ayant trait aux parades, une variété infinie d'autres combinaisons que leur fantaisie artistique ne manquera pas de leur dicter.

Albert LACAZE apporte lui-même une variété constante dans ses leçons, afin de lutter contre tout esprit de routine et de provoquer sans cesse l'attention de l'élève.

ATTAQUES

II est bien évident qu'une *opposition,* c'est-à-dire *le simple,* ou un *contre* se trompent comme nous le faisons dans la leçon de fleuret moderne, que cette *opposition* ou ce *contre* soient pris par la dague ou l'épée.

En principe, si les *ripostes* peuvent être fournies quelle que soit la garde (à droite ou à gauche, par les moyens que le lecteur connait maintenant), nous n'indiquerons pour les *leçons de feintes* qu'une garde (la droite), puisque c'est dans cette garde que l'escrimeur est le plus utilement menaçant, c'est-à-dire celle d'où il menace, en tenant son corps le plus loin de la pointe adverse.

PREMIÈRE LEÇON

EN GARDE (à droite).

MENACEZ (de pied ferme), puis trompez

le *contre de sixte* de mon épée,

la *seconde* de mon épée,

la *quarte* de ma dague,

la *sixte* de ma dague,

Développez dans les armes.

Bien lier ces quartes feintes

MÊME LEÇON

1° *En rompant* sur ma marche ;
2° *En marchant* sur ma retraite.

Nota. - Pour n'y plus revenir, le maitre voudra bien considérer que LACAZE fait exécuter toutes les leçons : 1° De pied ferme ; 2° En rompant ; 3° En marchant.

DEUXIÈME LEÇON

EN GARDE.
Menacez, puis trompez
la *croix haute* (coupez),
la *seconde* de mon épée,
la *sixte* de mon épée,
la *quarte* de mon épée,
la *seconde* de ma dague,
le *contre de seconde* de ma dague,
Développez sous les armes.

TROISIÈME LEÇON

EN GARDE. – Menacez.
J'engage double quarte, sautez en arrière.
Menacez.

Je croise d'octave en quarte de l'épée et reprends tierce de la dague et riposte de seconde.

Coupez dedans de l'épée, parez .seconde de la dague sur mon opposition de quarte.

Dérobez dessous.
Développez.

QUATRIÈME LEÇON

EN GARDE. – Menacez.
Trompez ma pression de sixte (de l'épée).
Trompez mon croisé d'octave (de l'épée).
Menacez dessus.

Trompez mon croisé d'octave (de la dague).
Trompez la quarte de mon épée et *développez dessus.*

CINQUIÈME LEÇON (coups de taille et de pointe)

EN GARDE.
Coups de figure à droite.
Je pare sixte de la dague.
Coupez et menacez de la pointe (dedans).
J'écrase par croix basse.
Trompez par revers de prime sur la tête.
Je pare croix haute.
Coupez et ripostez par coup de taille.
Flanconnade de seconde.

SIXIÈME LÉÇON (taille et pointe)

EN GARDE.
Coups de figure à droite et à gauche.
Je les arrête par oppositions simultanées de sixte (épée) et sixte (dague).
Coupez de l'épée, menacez dessous (de la pointe).
Trompez ma seconde et deux contres de seconde.
Développez sur les armes.

SEPTIÈME LEÇON

EN GARDE.
Sur ma pointe en ligne,
Croisez de septime en sixte et *reprenant mon fer en prime de la dague.*
Menacez sous les armes.
Trompez ma seconde de la dague et *parez quarte de la vôtre, mon trompement de prime.*
Sautez en arrière.
Menacez par coup de taille en tête.
Trompez ma croix haute.
Développez sous les- armes.

HUITIÈME LEÇON

EN GARDE et *tournez de gauche à droite.*

Menacez.

Sur mon attaque, en marchant, par prise de fer en septime suivie de menace dans les armes.

Parez seconde de la dague et ripostez.

Trompez la seconde de ma dague.

Trompez l'octave de mon épée.

Trompez la quarte de ma dague.

Coupez sur le contre de quarte de ma dague et ripostez par coup de taille en tête.

Trompez ma croix haute et dégagez en développant sous les armes.

Nous bornerons à cette huitième leçon la série relative aux feintes.

Les professeurs en créeront d'autres à leur tour, de nombreuses, qu'ils adapteront aux moyens de leurs élèves.

Ils ont compris, je l'ai déjà écrit plus haut, que LACAZE en proposant celles qu'il a composées, n'a d'autre but que d'exposer le caractère de son enseignement, sans pour cela prétendre l'imposer.

Avec lui, je souhaite bonne chance à ceux de mes camarades et confrères qui, à leur tour, vont s'intéresser à cette escrime, dont mieux que d'autres, ils apprécieront très vite les résultats.

Au cours de causeries où j'expose la technique décrite dans cet Essai, LACAZE en exécute tous les développements.

MM. les Professeurs pourront, le cas échéant, s'adresser à lui à ce propos.

Georges DUBOIS.
Janvier 1925.

Des armes particulières (épée et dague) ont été créées sur nos indications pour la parfaite exécution de cette escrime. Nous en avons confié la fabrication exclusive à M. SOUZY.

G. D.

TABLE DES MATIÈRES

PAGES

PREMIÈRE PARTIE ET BUT

DEUXIÈME PARTIE

Imp. J. Bruyère, Saint-Etienne